CHOIX

DE

CANTIQUES

SUR

LES GRANDES VÉRITÉS DE LA RELIGION

Pendant que les cantiques de votre Eglise coulaient dans mon oreille comme un ruisseau d'harmonie, la lumière de votre vérité entrait comme un fleuve dans mon âme. (S. Augustin, *Confessions*.)

TOULOUSE

Bureau de la *Bibliothèque catholique*,
rue des Gestes, 6.

1866

CHOIX

DE

CANTIQUES

SUR

LES GRANDES VÉRITÉS DE LA RELIGION

Pendant que les cantiques de votre Eglise coulaient dans mon oreille comme un ruisseau d'harmonie, la lumière de votre vérité entrait comme un fleuve dans mon âme. (S. Augustin, *Confessions*.)

TOULOUSE

Au bureau de la *Bibliothèque catholique*,
ruc des Gestes, 6.

1866

TABLE ALPHABÉTIQUE

DES CANTIQUES

Toulouse, imprimerie J. Pradel et Blanc, rue des Gestes, 6.

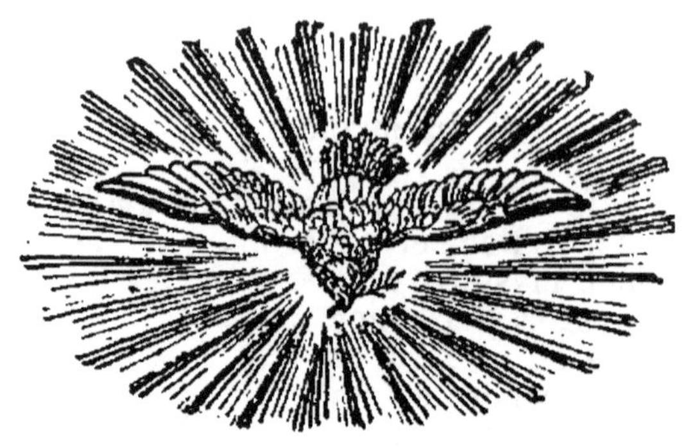

Invocation au Saint-Esprit.

Esprit-Saint, descendez en nous,
Embrasez notre cœur de vos feux les plus doux.
Sans vous, notre vaine prudence
Ne peut, hélas! que s'égarer.
Ah! dissipez notre ignorance;
Esprit d'intelligence,
Venez nous éclairer.
Esprit-Saint, etc.

Le noir enfer pour nous livrer la guerre
Se réunit au monde séducteur;
Tout est pour nous embûche sur la terre :
Soyez, soyez notre libérateur.
Esprit-Saint, etc.

Enseignez-nous la divine sagesse;
Seule elle peut nous conduire au bonheur :
Dans ses sentiers qu'heureuse est la jeunesse !
Qu'heureuse est la vieillesse !
Esprit-Saint, etc.

Ouverture de la Mission ou de la Retraite.

Un Dieu vient se faire entendre,
Cher peuple, quelle faveur !
A sa voix il faut vous rendre,
Il demande votre cœur.

Accourez, peuple fidèle,
Venez à la Mission :
Le Seigneur qui vous appelle
Veut votre conversion.

Dans l'état le plus horrible,
Le péché vous a réduits :
Mais, à vos malheurs sensible,
Dieu vers vous nous a conduits.
Accourez, etc.

Sur vous il fera reluire
Une céleste clarté ;
Dans vos cœurs il va produire
Le feu de la charité.
Accourez, etc.

Trop longtemps, hélas ! le crime
A pour vous eu des attraits ;
Qu'un saint désir vous anime
A le bannir pour jamais.
Accourez, etc.

— 5 —

Loin de vous toute injustice,
Loin toute division ;
Que partout se rétablisse
La concorde et l'union.
    Accourez, etc.

Du blasphème et du parjure
Montrez une sainte horreur :
Plus en vous de flamme impure,
N'aimez plus que la pudeur.
    Accourez, etc.

Evitez l'intempérance
Et tout plaisir criminel :
Que chacun enfin ne pense
Qu'à son salut éternel.
    Accourez, etc.

Brisez, ô Dieu de clémence,
Ma coupable dureté ;
Qu'une sainte pénitence
Lave mon iniquité.
    Accourez, etc.

Refrain pour une retraite.

Accourez, peuple fidèle,
Voici les jours du Seigneur.
Quand sa bonté vous appelle
Ne fermez point votre cœur.

Le Salut.

Travaillez à votre salut ;
Quand on le veut, il est facile ;
Chrétiens, n'ayez point d'autre but ;
Sans lui tout devient inutile.
Sans le salut, pensez-y bien,
Tout ne vous servira de rien.

Oh ! que l'on perd en le perdant !
On perd le céleste héritage ;
Au lieu d'un bonheur si charmant,
On a l'enfer pour son partage.
   Sans le salut, etc.

Que sert de gagner l'univers,
Dit Jésus, si l'on perd son âme,
Et s'il faut, au fond des enfers,
Brûler dans l'éternelle flamme ?
   Sans le salut, etc.

Rien n'est digne d'empressement,
Si ce n'est la vie éternelle ;
Le reste n'est qu'amusement ;
Tout n'est que pure bagatelle.
   Sans le salut, etc.

C'est pour toute une éternité
Qu'on est heureux ou misérable ;
Que devant cette vérité,
Tout ce qui passe est méprisable !
   Sans le salut, etc.

O mon Dieu ! tant que nous vivrons,
Que ce souvenir nous pénètre ;
Ah ! faites que nous nous sauvions,
A quelque prix que ce puisse être.
Sans le salut, etc.

La Mort.

A la mort, à la mort,
Pécheur, tout finira ;
Le Seigneur à la mort
Te jugera.

Il faut mourir, il faut mourir ;
De ce monde il nous faut sortir.
Le triste arrêt en est porté,
Il faut qu'il soit exécuté.
A la mort, etc.

Comme une fleur qui se flétrit,
Ainsi l'homme bientôt périt.
L'affreuse mort vient de ses jours
En un moment finir le cours.
A la mort, etc.

Venez, pécheurs, près du cercueil,
Venez confondre votre orgueil !
Là, tout ce qu'on estime tant
Est enfin réduit au néant.
A la mort, etc.

Esclaves de la vanité,
Que deviendra votre beauté?
Vos traits difformes, sans couleur,
Vous rendront un objet d'horreur!
    A la mort, etc.

Vous qui suivez tous vos désirs,
Qui vous plongez dans les plaisirs;
Pour vous quel affreux changement
La mort va faire en ce moment!
    A la mort, etc.

Plus de fêtes, plus de douceurs!
Plus de trésors, plus de grandeurs.
Ces biens, dont vous êtes jaloux,
Vont tout-à-coup périr pour vous.
    A la mort, etc.

Adieu, famille, adieu, parents;
Adieu, chers amis, chers enfants;
Votre cœur se désolera,
Mais tout enfin vous quittera.
    A la mort, etc.

S'il vous fallait subir l'arrêt,
Qui de vous, chrétiens, serait prêt?
Combien dont le funeste sort
Serait une éternelle mort!
    A la mort, etc.

Le Jugement.

Dieu va déployer sa puissance ;
Le temps comme un songe s'enfuit :
Les siècles sont passés, l'éternité commence,
Le monde va rentrer dans l'horreur de la nuit.
Dieu va, etc.

J'entends la trompette effrayante,
Quels bruits ! quels lugubres éclairs !
Le Seigneur a lancé sa foudre étincelante,
Et ses feux dévorants embrasent l'univers.
J'entends, etc.

Les monts foudroyés se renversent,
Les êtres sont tous confondus ;
La mer ouvre son sein, les ondes se dispersent ;
Tout est dans le chaos, et la terre n'est plus.
Les monts, etc.

Sortez des tombeaux, ô poussière,
Dépouille des pâles humains !
Le Seigneur vous appelle, il vous rend la lumière ;
Il va sonder les cœurs et fixer vos destins.
Sortez, etc.

Il vient, tout est dans le silence ;
Sa croix porte au loin la terreur !
Le pécheur consterné frémit en sa présence,
Et le juste lui-même est saisi de frayeur !
Il vient, etc.

Assis sur un trône de gloire,
Il dit : Venez, ô mes élus !
Comme moi vous avez remporté la victoire ;
Recevez de mes mains le prix de vos vertus !
    Assis, etc.

Tombez dans le sein des abîmes ;
Tombez, pécheurs audacieux !
De mon juste courroux immortelles victimes,
Vils suppôts des démons, vous brûlerez comme eux.
    Tombez, etc.

Vous n'êtes plus, vaines chimères,
Objet d'un sacrilége amour !
Fléaux du genre humain, oppresseurs de vos frères,
Héros tant célébrés, qu'êtes-vous dans ce jour ?
    Vous n'êtes plus, etc.

Triste éternité de supplice,
Tu vas donc commencer ton cours.
De l'heureuse Sion ineffables délices,
Bonheur, gloire des Saints, vous durerez toujours.
    Triste éternité, etc.

Grand Dieu ! qui sera la victime
De ton implacable fureur ?
Quel noir pressentiment me tourmente et m'opprime !
La crainte et le remords me déchirent le cœur.
    Grand Dieu ! etc.

De ton jugement, Dieu sévère,
Pourrai-je subir les rigueurs ?
J'ai péché, mais ton sang désarme ta colère ;
J'ai péché, mais mon crime est éteint par mes pleurs.
    De ton jugement, etc.

L'Enfer.

Tremblez, habitants de la terre :
Tremblez, le Seigneur va venir,
Le ciel dans son courroux fait gronder son tonnerre ;
Heureux qui sait prévoir l'effroyable avenir.
    Tremblez, etc.

Je fus comme vous dans le monde
Esclave de mes passions ;
J'insultais à mon Dieu, dans mon erreur profonde,
Et l'enfer est le fruit de mes illusions.
    Tremblez, etc.

Mon cœur, aveuglé par le crime,
Se jouait de l'éternité.
Mais, ô fatale erreur ! dans un affreux abîme,
Au moment du trépas, je fus précipité.
    Tremblez, etc.

Venez, trop aveugle jeunesse ;
Venez vous instruire aux tombeaux.
Vous connaîtrez enfin le prix de la sagesse,
Lorsque vous entendrez le récit de nos maux.
    Tremblez, etc.

Venez, criminels de tout âge ;
Vieillards, âge mûr, jeunes gens ;
Descendez dans ce lieu de fureur et de rage,
Vous entendrez les pleurs, les grincements de dents.
    Tremblez, etc.

Dans cet océan de souffrances,
 Comment raconter mes malheurs,
Percé par mille traits des célestes vengeances,
Victime de l'enfer, en proie à ses horreurs?
 Tremblez, etc.

Bonheur, paradis de délices,
 Beau ciel, ô cité des élus !
J'étais créé pour vous, et d'éternels supplices
Sont devenus ma part : Je suis mort sans vertus.
 Tremblez, etc.

Si le Ciel, à mes vœux propice,
 Devait un jour briser mes fers,
Que ne ferais-je pas pour calmer sa justice !
Mais il faudra toujours souffrir dans les enfers.
 Tremblez, etc.

Le Ciel.

Sainte Cité, demeure permanente,
Brillant palais qu'habite le grand Roi;
Où doit un jour régner l'âme innocente ;
Quoi de plus doux que de penser à toi !
 O ma patrie !
 O mon bonheur !
 Toute ma vie
Sois le vœu de mon cœur.

Dans tes parvis tout n'est plus qu'allégresse,
C'est un torrent des plus chastes plaisirs :
On n'y ressent ni peine ni tristesse ,
On n'y connaît ni plaintes ni soupirs.
 O ma patrie ! etc.

Tes habitants ne craignent plus d'orage:
Ils sont au port, ils y sont pour jamais :
Un calme heureux devient leur doux partage,
Dieu dans leur cœur verse un fleuve de paix.
      O ma patrie ! etc.

De quel éclat ce Dieu les environne !
Ah ! je les vois tout brillants de clarté ;
Rien ne saurait y flétrir leur couronne ;
Leur vêtement est l'immortalité.
      O ma patrie ! etc.

Pour les élus il n'est point d'inconstance ,
Tout est soumis aux lois du saint amour ;
L'affreux péché n'a plus là de puissance ;
Tout bénit Dieu dans cet heureux séjour.
      O ma patrie ! etc.

Beauté divine , ô beauté ravissante !
Tu fais l'objet du suprême bonheur :
Oh ! quand naîtra cette aurore brillante,
Où nous pourrons contempler ta splendeur?
      O ma patrie ! etc.

Puisque Dieu seul est notre récompense,
Qu'il soit aussi la fin de nos travaux,
Dans cette vie un moment de souffrance
Mérite au ciel un éternel repos.
      O ma patrie ! etc.

Vanité du Monde.

Tout n'est que vanité,
Mensonge et fragilité,
Dans tous ces objets divers,
Qu'offre à nos regards l'univers.
Tous ces brillants dehors,
Cette pompe,
Ces biens, ces trésors,
Tout nous trompe ;
Tout nous éblouit ;
Mais tout nous échappe et nous fuit.

Telles qu'on voit les fleurs,
Avec leurs vives couleurs,
Eclore, s'épanouir,
Se faner, tomber et périr ;
Tel est des vains attraits
Le partage ;
Tel l'éclat, les traits
Du jeune âge,
Après quelques jours,
Perdent leur beauté pour toujours.

En vain, pour être heureux,
Le jeune voluptueux
Se plonge dans les douceurs
Qu'offrent les mondains séducteurs ;
Plus il suit les plaisirs
Qui l'enchantent,
Et moins ses désirs
Se contentent :
Le bonheur le fuit,
A mesure qu'il le poursuit.

Que doivent devenir,
Pour l'homme qui doit mourir,
Ces biens longtemps amassés,
Cet argent, cet or entassés?
Fût-il du genre humain
Seul le maître,
Pour lui tout enfin
Cesse d'être :
Au jour de son deuil,
Il n'a plus à lui qu'un cercueil.

J'ai vu l'impie heureux
Porter son air fastueux
Et son front audacieux
Au-dessus du cèdre orgueilleux :
Au loin tout révérait
Sa puissance,
Et tout adorait
Sa présence.
Je passe, et, soudain,
Il n'est plus, je le cherche en vain.

Que sont-ils devenus,
Ces grands, ces guerriers connus,
Ces hommes dont les exploits
Ont soumis la terre à leurs lois?
Les traits éblouissants
De leur gloire,
Leurs noms florissants,
Leur mémoire,
Avec les héros
Sont entrés au sein des tombeaux.

Au savant orgueilleux,
Que sert un génie heureux,
Un nom devenu fameux
Par mille travaux glorieux ?

Non, les plus beaux talents,
L'éloquence,
Les succès brillants,
La science,
Ne servent de rien
A qui ne sait vivre en chrétien.

Arbitre des humains,
Dieu seul tient, entre ses mains,
Les évènements divers
Et le sort de tout l'univers.
Seul il n'a qu'à parler,
Et la foudre
Va frapper, brûler,
Mettre en poudre
Les plus grands héros
Comme les plus vils vermisseaux.

La mort, dans son courroux,
Disperse à son gré ses coups,
N'épargne ni le haut rang,
Ni l'éclat auguste du sang.
Tout doit un jour mourir,
Tout succombe ;
Tout doit s'engloutir
Dans la tombe :
Les sujets, les rois
Iront s'y confondre à la fois.

Oui la mort, à son choix,
Soumet tout âge à ses lois,
Et l'homme ne fut jamais
A l'abri d'un seul de ses traits :

Comme sur son retour,
La vieillesse,
Dans son plus beau jour,
La jeunesse,
L'enfance au berceau,
Trouvent tour-à-tour leur tombeau.

Oh ! combien malheureux
Est l'homme présomptueux,
Qui, dans ce monde trompeur,
Croit pouvoir trouver son bonheur !
Dieu seul est immortel,
Immuable,
Seul grand, éternel,
Seul aimable ;
Avec son secours,
Soyons tous à lui pour toujours.

Effroi et espérance du pécheur.

Hélas ! quelle douleur
Remplit mon cœur,
Fait couler mes larmes !
Hélas ! quelle douleur
Remplit mon cœur
De crainte et d'horreur !
Autrefois,
Seigneur, sans alarmes,
De tes lois
Je goûtais les charmes ;
Hélas ! vœux superflus,
Beaux jours perdus,
Vous ne serez plus.

La mort déjà me suit,
O triste nuit.
Déjà je succombe !
La mort déjà me suit,
Le monde fuit.
Tout s'évanouit.
Je la vois
Entr'ouvrant ma tombe ;
Et sa voix
M'appelle et j'y tombe.
O mort ! cruelle mort !
Si jeune encor !
Quel funeste sort !

Frémis, ingrat pécheur ;
    Un Dieu vengeur,
D'un regard sévère...
Frémis, ingrat pécheur ;
    Un Dieu vengeur,
Va sonder ton cœur.
        Malheureux !
Entends son tonnerre ;
        Si tu peux,
Soutiens sa colère.
Frémis, seul aujourd'hui,
    Sans nul appui,
Parais devant lui.

Grand Dieu ! quel jour affreux
    Luit à mes yeux !
Quel horrible abîme !
Grand Dieu ! quel jour affreux
    Luit à mes yeux !
Quels lugubres feux !
        Oui l'enfer,
Vengeur de mon crime,
        Est ouvert,
Attend sa victime.
Grand Dieu ! quel avenir !
    Pleurer, gémir,
Toujours te haïr !

Beau Ciel ! je t'ai perdu,
    Je t'ai vendu
Pour de vains caprices.
Beau Ciel ! je t'ai perdu,
    Je t'ai vendu ;
Regret superflu !

        Loin de toi,
Toutes les délices
        Sont pour moi
De nouveaux supplices.
Beau Ciel ! toi que j'aimais,
    Qui me charmais,
Ne te voir jamais !...

O vous, chrétiens pieux,
    Toujours heureux !
Et pleins d'espérance !
O vous, chrétiens pieux,
    Toujours heureux !
Moi seul malheureux !
        J'ai voulu
Sortir de l'enfance ;
        J'ai perdu
L'aimable innocence.
O vous, du Ciel un jour
    Heureuse cour !
Adieu sans retour !...

Non, non, c'est une erreur ;
    Dans mon malheur,
Hélas ! je m'oublie ;
Non, non, c'est une erreur ;
    Dans mon malheur,
Je trouve un Sauveur.
        Il m'entend,
Me réconcilie ;
        Dans son sang
Je reprends la vie.
Non, non, je l'aime encor,
    Et le remords
A changé mon sort.

Jésus, manne des Cieux,
Pain des heureux,
Mon cœur te réclame;
Jésus, manne des Cieux,
Pain des heureux,
Viens combler mes vœux.
Désormais
Ta divine flamme
Pour jamais
Embrase mon âme.
Jésus, ô mon Sauveur !
Fais de mon cœur
L'éternel bonheur.

Le Pécheur invité à revenir à Dieu.

Reviens, pécheur, à ton Dieu qui t'appelle ;
Viens au plutôt te ranger sous sa loi ;
Tu n'as été déjà que trop rebelle ;
Reviens à lui, puisqu'il revient à toi.

Pour t'attirer, ma voix se fait entendre ;
Sans me lasser, partout je te poursuis ;
D'un Dieu, pour toi, du père le plus tendre,
J'ai les bontés, ingrat, et tu me fuis.

Attraits, frayeurs, remords, secret langage,
Qu'ai-je oublié dans mon amour constant?
Ai-je, pour toi, dû faire davantage?
Ai-je, pour toi, dû même en faire autant?

Si je suis bon, faut-il que tu m'offenses?
Ton méchant cœur s'en prévaut chaque jour,
Plus de rigueur vaincrait tes résistances ;
Tu m'aimerais, si j'avais moins d'amour.

Marche au grand jour que t'offre ma lumière,
A sa faveur tu peux faire le bien ;
La nuit bientôt finira ta carrière,
Funeste nuit où l'on ne peut plus rien.

Ta courte vie est un songe qui passe,
Et de ta mort le jour est incertain :
Si j'ai promis de te donner ma grâce,
T'ai-je promis jamais le lendemain ?

Le Ciel doit-il te combler de délices
Dans le moment qui suivra ton trépas,
Ou bien l'enfer t'accabler de supplices ?
C'est l'un des deux, et tu n'y penses pas.

Regrets du Pécheur.

Mon Dieu, mon cœur touché
D'avoir péché
Demande grâce.
Joins à tous tes bienfaits
L'oubli de mes forfaits :
Je ne veux plus, Seigneur, encourir ta disgrâce.

Pardon ! mon Dieu, pardon !
Mon Dieu, pardon !
Mon Dieu, pardon !
N'es-tu pas un Dieu bon ?
Mon Dieu, pardon !
N'es-tu pas un Dieu bon ?

Ah ! dans cet abandon
Où ma raison,

Loin de te suivre,
Erra des jours entiers
En de honteux sentiers ;
Comment à mon malheur m'as-tu laissé survivre ?
Pardon , etc.

Tu me disais souvent :
Viens, mon enfant !
Ma voix t'appelle ;
J'allais à mes plaisirs,
Au gré de mes désirs ;
Et tu pus si longtemps souffrir un fils rebelle !
Pardon , etc.

Tu pouvais me punir,
Sans recourir
A ta clémence,
J'aurais traîné mes fers
Dans le fond des enfers.
Comment porter alors le poids de ta vengeance ?
Pardon , etc.

Comment, si sensuel,
D'un feu cruel
Souffrir la peine ?
Formé pour le bonheur,
Languir dans la douleur,
Et d'un Dieu courroucé porter toute la haine ?
Pardon, etc.

Mon Dieu ! toujours gémir !
Jamais jouir
De ta présence !
N'avoir aucun espoir
De t'aimer, de te voir,
Écrasé sous le poids d'une éternelle absence !
Pardon, etc.

Mais du sein de la mort
Enfin je sors ;
La voix d'un Père
Me dit : Pauvre pécheur,
Viens, rentre dans mon cœur !
Et je n'entendrai pas cette aimable prière !
Pardon , etc.

Enchaîné désormais
Par tes bienfaits,
Toujours fidèle,
Dans un saint repentir
Je veux vivre et mourir ;
Heureux si je parviens à la gloire immortelle !
Pardon , etc.

<hr>

MÊME SUJET.

Un fantôme brillant séduisit ma jeunesse ;
Sous le nom du plaisir il égara mes pas.
Insensé que j'étais, je n'apercevais pas
L'abîme que des fleurs cachaient à ma faiblesse.

Mais enfin, revenu de mes égarements,
Remettant mon salut en ta bonté chérie,
O mon Dieu, mon soutien, après mille tourments,
Quand je reviens à toi, je reviens à la vie.

Faux plaisirs où je crus ne trouver que des charmes,
Ivresse de mes sens, trompeuse volupté,
Hélas ! en vous cherchant, que vous m'avez coûté
De crainte, de douleurs, de regrets et de larmes !
Mais enfin, etc.

Vous qui par tant de soins souteniez mon enfance,
O mon père, ô ma mère ! à combien de douleurs
Ma jeunesse indocile a dû livrer vos cœurs,
Et provoquer du Ciel la trop juste vengeance ?
    Mais enfin , etc.

Pardonnez., pardonnez à votre enfant coupable,
Hélas ! cent fois puni d'oublier vos leçons,
Même au sein du plaisir, par des remords profonds,
Il expiait déjà son crime impardonnable.
    Mais enfin , etc.

Oui, mon Dieu, c'en est fait ; touché de ta clémence,
Je quitte pour jamais le monde et ses appas.
Nouvel enfant prodigue, appelé dans tes bras,
Je retrouve à la fois mon père et l'innocence.
    Mais enfin , etc.

Sainte paix , calme heureux où mon âme repose,
Plaisirs délicieux dont s'enivre mon cœur,
Oh ! ne me quittez plus, donnez-moi le bonheur
Qu'en vain depuis longtemps le monde me propose.
    Mais enfin , etc.

Les Combats du Chrétien.

Armons-nous ! la voix du Seigneur,
Chrétiens, au combat nous appelle.
Ah ! voyez, voyez quelle est belle
La palme promise au vainqueur !
Elle est si noble, elle est si belle
La palme promise au vainqueur !

Tout le cours de notre existence
N'est qu'un long et rude combat ;
L'âme ferme que rien n'abat,
Seule obtiendra la récompense.
    Armons-nous ! etc.

De la chair l'indigne faiblesse
Veut séduire notre raison ;
Les délices sont un poison,
Et la mort suit de près l'ivresse.
    Armons-nous ! etc.

A nos yeux le monde fait luire
D'éphémères félicités ;
Voudrions-nous pour ces voluptés
Renoncer au céleste empire ?
    Armons-nous ! etc.

Frémissant de haine et de rage,
Le démon jure notre mort ;
Du chrétien quel sera le sort,
S'il vient à manquer de courage ?
    Armons-nous ! etc.

Au combat le grand Roi nous guide,
Rangeons-nous sous ses étendards ;
Va, Satan ! retrempe tes dards,
La Croix nous servira d'égide !
    Armons-nous ! etc.

Partez donc, milice chérie !
Gardez-vous d'un lâche repos.
A demain la fin des travaux,
Et puis la paix de la Patrie !
    Armons-nous ! etc.

MÊME SUJET.

Quelle nouvelle et sainte ardeur
En ce jour transporte mon âme?
Je sens que l'esprit créateur
De son feu tout divin m'enflamme.

Vive Jésus, je crois, je suis chrétien !
    Censeurs, je vous méprise ;
Lancez, lancez vos traits, je ne crains rien !
    Mon bras vainqueur les brise.

    Il faut dans un noble combat
    Pour vous, Seigneur, que je m'engage.
    Vous m'avez fait votre soldat ;
    Vous m'en donnerez le courage.
      Vive Jésus ! etc.

    Du salut le signe sacré
    Arme mon front pour ma défense ;
    Devant lui l'enfer conjuré
    Perdra sa funeste puissance.
      Vive Jésus ! etc.

    Le mépris d'un monde insensé
    Pourrait-il m'alarmer encore?
    Loin de m'en trouver offensé,
    Je sens aujourd'hui qu'il m'honore.
      Vive Jésus ! etc.

    On a vu de faibles agneaux
    Triompher de l'aveugle rage
    Et des tyrans et des bourreaux ;
    Faible comme eux, Dieu m'encourage.
      Vive Jésus, etc.

Enfant des généreux martyrs,
Puissé-je égaler leur constance,
Et trouver mes plus doux plaisirs
Au sein même de la souffrance!
   Vive Jésus, etc.

Chrétiens, ranimons notre ardeur,
Contemplons la palme immortelle;
Le ciel la promet au vainqueur,
Combattons et mourons pour elle.
   Vive Jésus, etc.

Contre le respect humain.

S'il le faut, nous saurons souffrir,
   Nous saurons souffrir,
  Plutôt qu'abjurer la loi
    Du divin Roi
S'il le faut, nous saurons souffrir,
   Nous saurons souffrir,
   Nous saurons mourir.

Autre refrain.

  Bravons les enfers,
  Brisons tous nos fers,
Sortons de l'esclavage;
  Unissons nos voix,
  Rendons à la croix
Un sincère et public hommage.

Jurons haine au respect humain,
Brisons cette idole fragile;
Sur ses débris que notre main
Elève un trône à l'Evangile.
S'il le faut, etc.

Chrétiens, d'une vaine terreur
Serons-nous toujours la victime?
Qu'il soit banni de notre cœur
Le cruel tyran qui l'opprime.
S'il le faut, etc.

Sous le joug d'un monde censeur
Nous gémissons dès notre enfance;
Recouvrons, vengeons notre honneur,
C'est là le cri de la vaillance.
S'il le faut, etc.

Partout flottent les étendards
Qu'arbore à nos yeux la licence :
Faisons briller à ses regards
La bannière de l'innocence.
S'il le faut, etc.

Tout chrétien doit être un soldat
Rempli d'ardeur, né pour la gloire;
Quand son chef le mène au combat,
Tremblant, il fuirait la victoire?
S'il le faut, etc.

Tandis que sur le champ d'honneur
La valeur signale les braves,
On me verrait, lâche et sans cœur,
Traînant la chaîne des esclaves?
S'il le faut, etc.

Quoi ! vous rougissez, vils mortels :
Honteux d'être vus dans un temple,
Adorant au pied des autels.
Le grand Dieu que le ciel contemple !
   S'il le faut, etc.

D'hommes contre vous impuissants
Vous redoutez les vains murmures !
Que feriez-vous, si des tyrans
Il fallait subir les tortures ?
   S'il le faut, etc.

Ne profanez point ce saint lieu,
Allez, chrétiens pusillanimes !
Qui tremble trahira son Dieu ;
La faiblesse est mère des crimes.
   S'il le faut, etc.

Lâches déserteurs de la Foi,
Jésus-Christ commande à la foudre ;
Vous osez abjurer sa loi !
Vous n'êtes pas réduits en poudre !
   S'il le faut, etc.

Chrétiens, le signal est donné,
Hâtons-nous, courons à la gloire !
L'heure du triomphe a sonné,
Le Ciel nous promet la victoire.
   S'il le faut, etc.

Le Chrétien.

Je suis chrétien ! voilà ma gloire,
Mon espérance et mon soutien,
Mon chant d'amour et de victoire ;
   Je suis chrétien !   *(bis.)*

Je suis chrétien ! à mon baptême
L'eau sainte a coulé sur mon front ;
La grâce en ce moment suprême,
De mon âme a lavé l'affront.
    Je suis chrétien , etc.

Je suis chrétien ! j'ai Dieu pour père ;
A sa loi je veux obéir ;
Avec sa grâce salutaire ,
Pour lui je veux vivre et mourir.
    Je suis chrétien , etc.

Je suis chrétien ! je suis le frère
De Jésus-Christ, mon rédempteur.
L'aimer, le servir et lui plaire
Fera ma gloire et mon bonheur.
    Je suis chrétien , etc.

Je suis chrétien ! je suis le temple
De l'Esprit-Saint, du Dieu d'amour.
Celui que tout plaisir contemple
Possède mon cœur sans retour.
    Je suis chrétien , etc.

Je suis chrétien ! ô sainte Eglise,
Je suis devenu votre enfant ;
Plein d'amour, d'une foi soumise,
Je suivrai votre enseignement.
    Je suis chrétien ! etc.

Je suis chrétien ! j'ai pour bannière
La croix de mon divin Sauveur ;
Mes ennemis me font la guerre,
Mais je me ris de leur fureur.
    Je suis chrétien ! etc.

Je suis chrétien ! sur cette terre
Je passe comme un voyageur.
Ici-bas tout n'est que misère,
Rien ne saurait remplir mon cœur.
    Je suis chrétien ! etc.

Je suis chrétien ! ô ma patrie,
Beau ciel, j'irai te voir un jour.
En Dieu je trouverai la vie,
La paix, le bonheur et l'amour.
    Je suis chrétien ! etc.

Avantages de la ferveur.

Goûtez, âmes ferventes,
Goûtez votre bonheur ;
Mais demeurez constantes
Dans votre sainte ardeur.

Heureux mille fois le cœur
Où règne l'innocence ;
Heureux mille fois le cœur
Où règne la ferveur.

Elle est le vrai partage
Et le sceau des élus ;
Elle est l'appui, le gage
Et l'âme des vertus.
    Heureux, etc.

Par elle la foi vive
S'allume dans les cœurs,
Et sa lumière active,
Guide et règle nos mœurs.
    Heureux, etc.

Par elle l'espérance
Ranime ses soupirs,
Et croit jouir d'avance
Des célestes plaisirs.
    Heureux, etc.

Par elle dans les âmes
S'accroît de jour en jour
L'activité des flammes
Du pur et saint amour.
    Heureux, etc.

C'est sa vertu puissante
Qui garantit nos sens
De l'amorce attrayante
Des plaisirs séduisants.
    Heureux, etc.

C'est sous sa vigilance
Que l'esprit et le cœur
Conservent l'innocence
Et l'aimable pudeur.
    Heureux, etc.

De l'âme pénitente
Elle adoucit les pleurs,
Et de l'âme souffrante
Elle éteint les douleurs.
    Heureux, etc.

Par elle du martyre
Les sanglantes rigueurs
Au cœur qui le désire
N'offrent que des douceurs.
    Heureux, etc.

Sous ses heureux auspices
On goûte les bienfaits,
Les charmes, les délices
De la plus douce paix.
Heureux, etc.

L'Eucharistie.

O Roi des Cieux !
Vous nous rendez tous heureux ;
Vous comblez tous nos vœux,
En résidant pour nous dans ces lieux.

Prodige d'amour,
Dans ce séjour,
Vous vous immolez pour nous chaque jour ;
A l'homme mortel
Vous offrez un aliment éternel.
O Roi des Cieux, etc.

Seigneur, vos enfants
Reconnaissants,
Vous offrent les plus tendres sentiments :
Leurs cœurs, sans retour,
Veulent brûler du feu de votre amour.
O Roi des Cieux, etc.

Chantons tous en chœur
Gloire et honneur
A Jésus, notre aimable Rédempteur !
Chantons à jamais
De son amour les éternels bienfaits.
O Roi des Cieux, etc.

MÊME SUJET.

Par les chants les plus magnifiques,
Sion, célèbre ton Sauveur ;
Exalte, dans tes saints cantiques
Ton Dieu , ton chef et ton pasteur.
Redouble aujourd'hui, pour lui plaire,
D'efforts et de soins empressés :
Tu n'en pourras jamais trop faire,
Tu n'en feras jamais assez.

Ouvre ton cœur à l'allégresse,
A tout le feu de tes transports,
Puisque son immense largesse
T'ouvre elle-même ses trésors.
Près de quitter son héritage,
Il consacra son dernier jour
A te laisser ce tendre gage
Qui mit le comble à son amour.

Offert sur la table mystique,
L'agneau de la nouvelle Loi
Termine enfin la Pâque antique
Qui figurait le nouveau Roi.
La vérité succède à l'ombre ,
La loi de crainte disparaît ,
La clarté chasse la nuit sombre,
Le jour le plus brillant renaît.

Jésus, de son amour extrême,
Eternisa le dernier trait ;
Ce que d'abord il fit lui-même,
Le prêtre, à son ordre, le fait.
Il change, ô prodige admirable
Qui n'est aperçu que des cieux !
Le pain en son corps adorable,
Le vin en son sang précieux.

L'œil se méprend, l'esprit chancèle,
Il cherche d'un Dieu la splendeur ;
Mais pour l'âme d'un vrai fidèle
Se dévoile assez le Seigneur.
Son sang pour nous est un breuvage,
Sa chair devient un aliment ;
Les espèces sont le nuage
Qui nous le couvre en ce moment.

On voit le juste et le coupable
S'approcher du banquet divin,
Se ranger à la même table,
Prendre place au même festin :
Chacun reçoit la même hostie ;
Mais qu'ils diffèrent dans leur sort !
Le juste tremble et boit la vie ;
L'impie affronte et boit la mort.

Au secours de notre misère
Jésus se livre entièrement :
Dans la crèche il est notre frère,
Et sur l'autel notre aliment ;
Quand il mourut sur le Calvaire,
Il fut rançon pour le pécheur ;
Triomphant dans son sanctuaire,
Il fait du juste le bonheur.

Je vous salue, ô pain de l'Ange,
Aujourd'hui pain du voyageur!
Vous que j'adore et que je mange,
Venez soutenir ma langueur.
Loin de vous l'impur, le profane,
Pain réservé pour les enfants,
Mets des élus, céleste manne!
Seul objet digne de nos chants.

MÊME SUJET.

Dans ce profond mystère,
Où la foi sait te voir,
Mon Dieu, je te révère :
Tu fais tout mon espoir.

Jésus, source de vie,
Qui, dans l'Eucharistie,
Viens te cacher pour mon amour,
Dans la cité chérie
Nous te verrons un jour.

Puisse notre tendresse
Obtenir de ton cœur
La sublime sagesse,
Qui mène au vrai bonheur.
    Jésus, etc.

Que tout en nous s'unisse
Pour chanter tes bienfaits,
Que ta bonté bénisse
Nos vœux et nos souhaits.
    Jésus, etc.

Sur nous daigne répandre,
Tes bénédictions,
Et fais-nous bien comprendre
La grandeur de tes dons.
    Jésus, etc.

Préparation à la Communion.

Mon bien-aimé ne paraît pas encore ;
Trop longue nuit dureras-tu toujours ?
    Tardive aurore
    Hâte ton cours ;
Rends-moi Jésus, ma joie et mes amours,
Mon doux Jésus que j'aime et que j'implore.

De ton flambeau déjà les étincelles,
Astre du jour, raniment mes désirs ;
    Tu renouvelles
    Tous mes soupirs.
Servez mes vœux, devancez mes plaisirs ;
Anges du Ciel, portez-moi sur vos ailes.

Je t'aperçois, asile redoutable,
Où l'Eternel descend de sa grandeur ;
    Temple adorable
    Du Rédempteur,
Si dans tes murs il voile sa splendeur,
Ce Dieu d'amour n'en est que plus aimable.

Sans nul éclat le vrai Dieu va paraître :
De cet autel il vient s'unir à moi.
    Est-ce mon Maître ?
    Est-ce mon Roi ?
Laissez, mes yeux, laissez agir ma foi :
Un œil chrétien ne peut le méconnaître.

Du Roi des rois je suis le tabernacle :
Oui, de mon âme un Dieu devient l'époux.
    Charmant spectacle !
    Espoir trop doux !
Rendez, grand Dieu ! mon cœur digne de vous ;
Votre amour seul peut faire ce miracle.

Ce pain des forts soutiendra mon courage ;
Venez, démons, de mon bonheur jaloux.
    Que votre rage
    Vous arme tous.
Je ne crains rien de vos terribles coups :
De ma victoire un Dieu devient le gage.

A la Communion.

Le voici l'Agneau si doux,
  Le vrai pain des Anges :
Du ciel il descend pour nous,
  Adorons-le tous.

C'est un tendre Père ;
C'est le bon Pasteur ;
C'est l'ami sincère ;
C'est notre Sauveur.
  Le voici, etc.

Par toi, saint mystère,
Objet de ma foi,
Je crois, je révère
Mon Maître et mon Roi.
  Le voici, etc.

De mon espérance
Gage précieux,
Viens de ta présence
Combler tous mes vœux.
    Le voici, etc.

De ta vive flamme,
Feu du saint amour,
Consume mon âme
En cet heureux jour.
    Le voici, etc.

Mais de ma misère,
Dieu de sainteté,
Que l'aveu sincère
Touche ta bonté.
    Le voici, etc.

Époux de mon âme,
Entends mes soupirs !
Mon cœur te réclame,
Remplis mes désirs.
    Le voici, etc.

Le voici ! silence !
Ah ! quelle faveur !
Mon Jésus s'avance,
Il est dans mon cœur.

Je le sens, le Dieu d'amour,
    Le vrai pain des Anges,
Il est dans moi sans retour,
    Ah ! quel heureux jour !

Après la Communion.

Qu'ils sont aimés, grand Dieu ! tes tabernacles !
Qu'ils sont aimés et chéris de mon cœur !
Là tu te plais à rendre tes oracles ;
La foi triomphe et l'amour est vainqueur !

    Ciel ! Ciel ! oh ! quel bonheur !
Jésus est en moi ; je l'adore.
Ciel ! Ciel ! oh ! quel bonheur !
Il est en moi, je lui donne mon cœur.

Qu'il est heureux celui qui te contemple,
Et qui soupire au pied de tes autels !
Un seul moment qu'on passe dans ton temple
Vaut mieux qu'un siècle au palais des mortels.
    Ciel ! Ciel ! etc.

Je nage au sein des plus purs délices,
Le Ciel entier, le Ciel est dans mon cœur.
Dieu de bonté ! de faibles sacrifices
Méritaient-ils cet excès de bonheur !
    Ciel ! Ciel ! etc.

Autour de moi les Anges en silence,
D'un Dieu caché contemplent la splendeur.
Anéantis en sa sainte présence,
O Chérubins ! enviez mon bonheur !
    Ciel ! Ciel ! etc.

Et je pourrais à ce monde qui passe
Donner un cœur de Dieu même habité ?
Non, non, Seigneur, je puis tout par ta grâce ;
Mais sauve-moi de ma fragilité.
    Ciel ! Ciel ! etc.

En souverain, règne, commande, immole ;
Règne surtout dans le droit de l'amour.
Adieu, plaisirs ! adieu, monde frivole !
A Jésus seul j'appartiens sans retour !
   Ciel ! Ciel ! etc.

Le matin d'un jour de fête.

Célébrons ce grand jour par des chants d'allégresse ;
   Nos vœux sont enfin satisfaits ;
Bénissons le Seigneur ; publions sa tendresse,
   Chantons, exaltons ses bienfaits.
   Pour nous, tout pécheurs que nous sommes,
   Il descend des cieux en ce jour :
   C'est parmi les enfants des hommes
   Qu'il aime à fixer son séjour.

   Chantons, sous ces voûtes antiques,
   Le Dieu qui règne sur nos cœurs ;
   Célébrons par de saints cantiques
   Et son amour et ses faveurs.

Réunissons nos voix, que cette auguste enceinte
   Retentisse de nos concerts ;
Ces lieux sont tous remplis de la majesté sainte
   Du Dieu puissant de l'univers.
   Bon Père, à des enfants qu'il aime,
   Cieux, admirez tant de bonté !
   Il donne, en se donnant lui-même,
   Le pain de l'immortalité.
   Chantons, etc.

Votre voix est, Seigneur, plus douce à notre oreille
    Que l'instrument le plus flatteur ;
Votre voix est pour nous ce qu'à la jeune abeille
    Est le suc de la tendre fleur.
    Trois fois heureuse la famille,
    Où vos préceptes sont chéris,
    Où la mère en instruit sa fille,
    Où le père en instruit son fils.
        Chantons, etc.

Loin des traits du chasseur, la colombe timide
    Cherche le repos des déserts :
J'ai cherché le repos dans le temple où réside
    Le Dieu bienfaisant que je sers.
    Sous les tentes des grands du monde,
    Courez, peuple aveugle et pécheur :
    Moi j'ai choisi la paix profonde
    Des tabernacles du Seigneur.
        Chantons, etc.

Loin de moi ces faux biens que les mondains chérissent,
    Et dont l'éclat est si trompeur !
Périssables humains, sur des biens qui périssent
    Comment fonder notre bonheur !
    Il se dérobe à la poursuite,
    Et dès qu'on l'avait cru saisir,
    Le temps l'emporte dans sa fuite,
    Et nous laisse le repentir.
        Chantons, etc.

La course des méchants, plus fugitive encore,
    Les précipite vers leur fin ;
Je les vis redoutés, à ma première aurore,
    Et je les cherche à mon matin.

Tels que dans les champs qu'il inonde,
S'engloutit un torrent fangeux,
Un moment ils troublent le monde,
Et leurs noms meurent avec eux.
    Chantons, etc.

Bien plus heureux, Seigneur, qui suit votre lumière,
    Sur votre loi réglant ses pas ;
Et qui, dans l'innocence, achevant sa carrière,
    S'endort paisible entre vos bras !
    Son nom qui fleurit d'âge en âge,
    Répand une suave odeur ;
    De la terre il reçoit l'hommage,
    Du ciel il goûte le bonheur.
    Chantons, etc.

Je n'ai formé qu'un vœu, que mon Dieu l'accomplisse !
    Puissé-je au pied de ses autels,
Fidèle adorateur, passer à son service
    Le reste de mes jours mortels !
    Que sa demeure me soit chère,
    Qu'elle plaise à mon cœur épris,
    Comme la maison d'un bon père
    Au cœur sensible d'un bon fils.
    Chantons, etc.

Oui, Seigneur, en tremblant l'univers vous contemple,
    La terre a frémi devant vous,
Et du cœur des mortels vous faites votre temple,
    Vous vous abaissez jusqu'à nous !
    Ah ! puissé-je, avant qu'infidèle
    Je perde un si cher souvenir,
    Mourir comme la fleur nouvelle,
    Cueillie avant de se flétrir !
    Chantons, etc.

Oui, Seigneur, désormais rangés sous votre empire,
   Nous y voulons vivre et mourir ;
Mais ce vœu, que l'amour aujourd'hui nous inspire,
   Sans vous pourrait-il s'accomplir ?
    C'est vous qui nous donnez la vie,
    C'est à vous d'en régler le cours ;
    Que votre loi, toujours suivie,
    Nous console en nos derniers jours.
      Chantons, etc.

Invocation à Marie.

Je mets ma confiance,
Vierge, en votre secours ;
Servez-moi de défense,
Prenez soin de mes jours ;
Et quand ma dernière heure
Viendra fixer mon sort,
Obtenez que je meure
De la plus sainte mort.

A votre bienveillance,
O Vierge, j'ai recours ;
Soyez mon assistance
En tous lieux et toujours.
Vous êtes notre Mère,
Jésus est votre Fils ;
Offrez-lui la prière
De vos enfants chéris.

Sainte Vierge Marie,
Asile des pécheurs,
Prenez part, je vous prie,
A mes justes frayeurs.

Vous êtes mon refuge ;
Votre Fils est mon roi :
Mais il sera mon juge ;
Intercédez pour moi.

Ah ! soyez-moi propice,
Quand il faudra mourir :
Apaisez sa justice,
Je crains de la subir.
Mère pleine de zèle,
Protégez votre enfant ;
Je vous serai fidèle
Jusqu'au dernier instant.

Je promets pour vous plaire,
O Reine de mon cœur,
De ne jamais rien faire
Qui blesse votre honneur
Je veux que, par hommage,
Ceux qui me sont sujets,
En tous lieux, à tout âge,
Prennent vos intérêts.

Voyez couler mes larmes,
Mère du bel amour ;
Finissez mes alarmes
Dans ce triste séjour :
Venez rompre mes chaînes,
Je veux aller à vous ;
Aimable Souveraine,
Régnez, régnez sur nous.

MÊME SUJET.

Souvenez-vous, ô tendre Mère,
Qu'on n'eût jamais recours à vous
Sans voir exaucer sa prière,
Et dans ce jour exaucez-nous.

Des siècles écoulés j'interroge l'histoire ;
Pour dire ses bienfaits ils n'ont tous qu'une voix.
Verrai-je en un seul jour s'obscurcir tant de gloire ?
L'invoquerai-je en vain pour la première fois ?
     Souvenez-vous, etc.

Marie aux vœux de tous prêta toujours l'oreille ;
Le juste est son enfant, il peut tout sur son cœur ;
Mais auprès du pécheur nuit et jour elle veille :
Il est son fils aussi, l'enfant de sa douleur.
     Souvenez-vous, etc.

Et moi, de mes péchés traînant la lourde chaîne,
Vierge sainte, à vos pieds j'implore mon pardon.
Me voici tout tremblant, et je n'ose qu'à peine
Lever les yeux vers vous, prononcer votre nom.
     Souvenez-vous, etc.

Mais quoi ! je sens mon cœur s'ouvrir à l'espérance ;
Il retrouve la paix, il palpite d'amour :
Je n'ai pas vainement imploré sa clémence,
La mère de Jésus est ma mère en ce jour.
     Souvenez-vous, etc.

Je n'ai plus qu'un désir à former sur la terre :
O ma Mère, mettez le comble à vos bienfaits.
Que j'expire à vos pieds et dans ce sanctuaire,
Si je ne dois au Ciel vous aimer à jamais.
     Souvenez-vous, etc.

MÊME SUJET.

Laissez-moi quitter cette terre,
Je veux m'en aller avec toi ;
Je voudrais te suivre, ô ma Mère,
O Marie ! emmène-moi.

Autour de moi gronde l'orage,
Mon Dieu ! que vais-je devenir !
Je sens chanceler mon courage :
Mon Dieu ! votre enfant va périr !
    Laissez-moi quitter, etc.

Le monde étale ses faux charmes,
Il voudrait m'attirer à lui.
Vierge, témoin de mes alarmes,
Soyez ma force et mon appui.
    Laissez-moi quitter, etc.

Dans cette malheureuse vie,
Hélas ! pour moi tout est danger ;
Près de vous je me réfugie ;
Oh ! vous devez me protéger.
    Laissez-moi, etc.

Vous savez quelle est ma faiblesse ;
Ah ! prenez pitié de mon sort ;
Celui que votre main délaisse,
Jamais n'entrera dans le port.
    Laissez-moi, etc.

Je tremble pour mon innocence ;
Au milieu de tant de combats,
O Vierge ! prenez ma défense,
Je viens me jeter dans vos bras.
    Laissez-moi, etc.

Vous voyez la guerre cruelle
Que me livrent mes ennemis;
Ah! rendez-moi toujours fidèle
Aux saintes lois de votre Fils.
  Laissez-moi, etc.

MÊME SUJET.

T'aimer, ô Marie,
Fait notre bonheur.
O Mère chérie,
Ouvre-nous ton cœur.

Tu vois sur nos têtes
L'orage mugir;
Contre la tempête
Viens nous secourir.

Des nuages sombres
Nous cachent les cieux;
Dissipe les ombres
Et brille à nos yeux.
  Tu vois, etc.

La mer écumante
Nous offre la mort;
Calme la tourmente,
Conduis-nous au port.
  Tu vois, etc.

Ta douce lumiere,
Astre du matin,
Réjouit la terre,
Rend le ciel serein.
  Tu vois, etc.

Le chrétien qui t'aime,
Marche à ta splendeur ;
Tu l'offres toi-même
Au divin Sauveur.
    Tu vois, etc.

MÊME SUJET.

D'une mère chérie
Célébrons les grandeurs ;
Consacrons à Marie
Et nos voix et nos cœurs.

De concert avec l'Ange,
Quand il la salua,
Disons à sa louange
Un *Ave Maria*.

Modeste créature,
Elle plut au Seigneur,
Et vierge toute pure
Enfanta le Sauveur.
    De concert, etc.

Nous étions la conquête
Du tyran des enfers ;
En écrasant sa tête,
Elle a brisé nos fers.
    De concert, etc.

Que l'espoir se relève
En nos cœurs abattus :
Par cette nouvelle Eve
Les cieux nous sont rendus.
    De concert, etc.

O Marie, ô ma Mère!
Prenez soin de mon sort;
C'est en vous que j'espère
En la vie, à la mort.

Obtenez-nous la grâce
A notre dernier jour,
De vous voir face à face
Au céleste séjour.

MÊME SUJET.

Triomphez, Reine des Cieux,
A vous bénir que tout s'empresse :
Triomphez, Reine des Cieux,
Dans tous les temps, dans tous les lieux.

Que l'amour nous prête,
En ce jour de fête,
Que l'amour nous prête,
Ses plus doux accords,
Et que notre voix s'apprête
A seconder ses efforts.
Triomphez, etc.

Célébrons en ce saint jour,
Les vertus de l'humble Marie;
Célébrons, en ce saint jour,
Et ses bienfaits et son amour.
Sans cesse enrichie,
Famille chérie,
Sans cesse enrichie
Des plus heureux dons;
C'est de la main de Marie,
Chrétiens, que nous les tenons.
Triomphez, etc.

Qu'à jamais de ses faveurs
Nos chants rappellent la mémoire ;
Qu'à jamais de ses faveurs
Le souvenir charme nos cœurs.
Le ciel et la terre,
Ravis de lui plaire,
Le ciel et la terre
Chantent ses appas.
Vos enfants, ô tendre Mère,
Ne vous béniraient-ils pas ?
Triomphez, etc.

Achevez notre bonheur ;
Retracez en nous votre image ;
Achevez notre bonheur,
Et gravez dans nous votre cœur.
Guidez de l'enfance,
Par votre puissance,
Guidez de l'enfance
Les pas chancelants ;
Et que l'aimable innocence
Couronne nos derniers ans.
Triomphez, etc.

MÊME SUJET.

Vierge Marie,
Nous avons tous recours à vous ;
Mère chérie,
Priez, priez pour nous !

Elle est pure, Marie,
Comme le rayon des Cieux ;
Belle toujours, jamais flétrie,
Du Seigneur elle a charmé les yeux.
Vierge Marie, etc.

Vierge pure et féconde,
Dans une extase d'amour,
Elle enfanta le Dieu du monde,
L'Eternel, pour nous enfants d'un jour.
Vierge Marie, etc.

C'est la Vierge puissante,
La Mère du bel amour ;
Elle est fidèle, elle est clémente,
Elle est Reine au céleste séjour.
Vierge Marie, etc.

C'est la rose fleurie,
C'est le lys pur, virginal :
C'est le parfum de la prairie,
C'est le feu du rayon matinal.
Vierge Marie, etc.

C'est l'Arche d'alliance,
C'est l'étoile du matin ;
C'est le baume d'espérance
Dans un cœur blessé par le chagrin.
Vierge Marie, etc.

C'est la Reine des Anges,
C'est la Reine des élus ;
Au ciel tout chante ses louanges,
Ses bienfaits, sa gloire et ses vertus.
Vierge Marie, etc.

MÊME SUJET.

Unis aux concerts des Anges,
Aimable Reine des Cieux,
Nous célébrons tes louanges
Par des chants mélodieux.

De Marie
Qu'on publie
Et la gloire et les grandeurs ;
Qu'on l'honore,
Qu'on l'implore,
Qu'elle règne sur nos cœurs

Auprès d'elle la nature
Est sans grâce et sans beauté,
Les cieux même, sans parure,
L'astre du jour, sans clarté.
De Marie, etc.

C'est le lys de la vallée,
Dont le parfum précieux,
Sur la terre désolée,
Attira le Roi des cieux.
De Marie, etc.

C'est l'auguste sanctuaire
Que le Dieu de majesté
Inonda de sa lumière,
Embellit de sa beauté.
De Marie, etc.

C'est la Vierge, c'est Marie :
Dans ce nom que de douceurs !
Nom d'une Mère chérie,
Nom, doux espoir du pécheur.
    De Marie, etc.

Oui, je veux, ô tendre Mère !
Jusqu'à mon dernier soupir,
T'aimer, te servir, te plaire,
Et pour toi vivre et mourir.
    De Marie, etc.

Triomphe de la Croix.

Vive Jésus ! vive sa Croix !
N'est-il pas bien juste qu'on l'aime,
Puisqu'en expirant sur ce bois,
Il nous aima plus que lui-même ?
Chrétiens, chantons à haute voix :
Vive Jésus ! vive sa Croix !

Vive Jésus ! vive sa Croix !
Le Sauveur l'ayant épousée,
Elle n'est plus, comme autrefois,
Un objet d'horreur, de risée.
    Chrétiens, etc.

Vive Jésus ! vive sa Croix !
Arbre dont le fruit salutaire
Répare le mal qu'autrefois
Fit le péché du premier père.
    Chrétiens, etc.

Vive Jésus ! vive sa Croix !
C'est l'étendard de sa victoire ;
Par elle il nous donna des lois,
Par elle il entra dans sa gloire.
   Chrétiens, etc.

Vive Jésus ! vive sa Croix !
De tous nos biens source féconde,
Qui, dans le sang du Roi des rois,
A lavé les péchés du monde.
   Chrétiens, etc.

Vive Jésus ! vive sa Croix !
La chaire de son éloquence,
Où me prêchant ce que je crois,
Il m'apprend tout par son silence.
   Chrétiens, etc.

Vive Jésus ! vive sa Croix !
Ce n'est pas le bois que j'adore,
Mais c'est mon Sauveur sur ce bois
Que je révère et que j'implore.
   Chrétiens, etc.

Vive Jésus ! vive sa Croix !
Prenons-la pour notre partage ;
Ce juste, cet aimable choix,
Conduit au céleste héritage !
   Chrétiens, etc.

MÊME SUJET.

Une Voix.

Puissant Roi des rois,
Mort pour moi sur le Calvaire ;
Du haut de ce bois,
Daigne entendre ma faible voix.

Chœur

Puissant Roi des rois,
Mort pour nous sur le Calvaire ;
Du haut de ce bois,
Daigne entendre nos faibles voix.

(*Une voix.*) Viens, viens m'ombrager de ta Croix,
(*Chœur.*)   Ombre salutaire ;
(*Une voix.*) Arbre de tout le genre humain,
(*Chœur.*)   Force du chrétien,
   Viens, viens, viens.

(*Une voix.*)   O Dieu Rédempteur,
   A mon cœur rends l'innocence !
   O divin Sauveur,
   Porte le calme dans mon cœur !

(*Chœur.*)   O Dieu Rédempteur,
   A nos cœurs rends l'innocence !
   O divin Sauveur,
   Sois toujours notre protecteur !

(*Une voix.*) Jésus, sois toujours mon bonheur,
(*Chœur.*)   Et notre espérance ;
(*Une voix.*) Jésus, sois mon unique bien,
(*Chœur.*)   Et notre soutien,
   Viens, viens, viens.

(*Une voix.*)   Ah ! reviens à moi,
Sans toi je cesserais d'être ;
Mon cœur et ma foi
Seront fidèles à ta loi.

(*Chœur.*)   Ah ! reviens ; sans toi,
Sans toi nous cesserions d'être ;
Nos cœurs, notre foi
Seront fidèles à ta loi.

(*Une voix.*) Oui, tu seras toujours mon Roi,
(*Chœur.*)   Notre divin Maître ;
(*Une voix.*) Tu seras toujours mon soutien
(*Chœur.*)   Et notre vrai bien,
Viens, viens, viens.

(*Une voix.*)   Croix de mon Sauveur,
O trésor inépuisable !
Source de bonheur,
Reçois l'hommage de mon cœur.

(*Chœur.*)   Croix du Rédempteur,
O trésor inépuisable !
Source de bonheur,
Reçois l'hommage de nos cœurs,

(*Une voix.*) Viens me combler de tes faveurs,
(*Chœur.*)   O Croix adorable !
(*Une voix.*) Et sois l'appui du vrai chrétien,
(*Chœur.*)   Aimable soutien !
Viens, viens, viens.

Chœur.

Célébrons à jamais
Son triomphe et sa puissance ;
Célébrons à jamais
Et sa gloire et ses bienfaits.

Cantique de la B. Germaine.

Cité des Saints, Église notre Mère,
Pour qui ces fleurs, ce concours solennel?
Quel est le nom que redit la prière
Parmi les chants et l'éclat de l'autel?

> Pauvre Bergère,
> Germaine, en toi
> La France espère;
> Porte à Dieu notre foi.

Un humble chaume abrita ta naissance;
Comme à Jésus, la paille est ton berceau.
Ton premier cri fut un cri de souffrance;
Ton premier pas heurta contre un tombeau.

Le Dieu très bon rappelle à lui ta mère;
Il t'isolait et te voulait pour lui.
Chétive enfant, ta marâtre et ton père
Vont t'oublier; Dieu sera ton appui.

Oh! t'oublier? non; la haine et l'injure
T'accableront au foyer paternel.
Va, fuis aux champs, rebut de la nature!
Laisse à ses fils tout le cœur maternel.

Près d'un troupeau Germaine rejetée,
Passe avec lui ses jours; et puis, le soir,
Sous l'escalier, comme lui rebutée,
N'a pour souper que du pain sec et noir.

Mais de ce pain sa tendre prévoyance,
Si peu qu'elle ait, sait réserver encor
La bonne part pour le pauvre en souffrance:
Germaine n'a que ce pain pour trésor.

Que dis-je? non; d'ineffables richesses
Parent ce cœur si modeste et si doux :
Vertus, objet des divines tendresses ;
Trésors bénis par le céleste Epoux !

Quelle ferveur vers Dieu qui la contemple
Porte l'élan de son amour pieux !
Parlez, vallons, croix et pavé du temple!
Fut-il jamais cœur plus digne des cieux?

Aussi bientôt pour toi le temps s'achève ;
Ton jour d'exil marche vite à sa fin.
Vois-tu ce ciel? Oh! ce n'est plus un rêve ;
Viens, monte et règne aux splendeurs sans déclin.

Près du Très-Haut sois notre protectrice ;
Tu sais nos maux ; prie, implore pour nous,
Germaine ; obtiens que Jésus nous bénisse ;
De tes deux mains désarme son courroux.

Avant l'exercice du soir.

Le soleil vient de finir sa carrière,
Comme un instant ce jour s'est écoulé.
Jour après jour, ainsi la vie entière
S'écoule et passe avec rapidité.

A chaque instant l'éternité s'avance :
Travaillons-nous à nous y préparer?
De nos péchés faisons-nous pénitence?
Et savons-nous du moins les abjurer?
    Le soleil, etc.

Si cette nuit le souverain Arbitre
Nous appelait devant son tribunal ;
A sa clémence aurions-nous quelque titre ?
Que lui répondre à cet instant fatal ?
  Le soleil, etc.

Le cœur touché d'un repentir sincère,
Pleurons, pleurons les fautes de ce jour ;
Du Dieu vengeur désarmons la colère :
Un cœur contrit regagne son amour.
  Le soleil, etc.

Avant le salut.

Mon doux Jésus, enfin voici le temps
De pardonner à nos cœurs pénitents !
 Nous n'offenserons jamais plus   } *bis.*
 Votre bonté suprême,
 O doux Jésus !

Puisqu'un pécheur vous a coûté si cher,
Faites-lui grâce, il ne veut plus pécher.
 Ah ! ne perdez pas cette fois   } *bis.*
 La conquête admirable
 De votre Croix.

Enfin, mon Dieu, nous sommes à genoux
Pour vous prier de pardonner à tous.
 Pardonnez-nous, ô Dieu clément,   } *bis.*
 Lavez-nous de nos crimes,
 Dans votre sang.

Après l'exercice du soir.

Bénissons à jamais
Le Seigneur dans ses bienfaits.

Bénissez-le, saints Anges,
Louez sa majesté,
Rendez à sa bonté
Mille et mille louanges.
     Bénissons, etc.

Fut-il jamais un Père,
Qui de ses chers enfants,
Par des soins plus touchants,
Soulageât la misère?
     Bénissons, etc.

Pasteur tendre et fidèle,
Sans craindre le travail,
Il ramène au bercail
Une brebis rebelle.
     Bénissons, etc.

Par lui cesse la peine,
Qui désolait mon cœur,
Et, du monde vainqueur,
Je vois briser ma chaîne.
     Bénissons, etc.

Il console mon âme,
La nourrit de son pain :
A ce banquet divin
Il veut qu'elle s'enflamme.
     Bénissons, etc.

Dieu seul est ma richesse,
Dieu seul est mon soutien,
Dieu seul est tout mon bien,
Je redirai sans cesse :
  Bénissons, etc.

Pour terminer un jour de fête.

Jour heureux, jour de vrai plaisir,
Où Dieu s'est fait ma nourriture;
Jour heureux, jour de vrai plaisir,
Faut-il te voir sitôt finir?
Pour une âme innocente et pure,
Jour heureux, jour de vrai plaisir,
Faut-il te voir sitôt finir?...

Biens, honneurs, beauté frivole,
Adieu donc et pour jamais.
Vers Dieu mon âme s'envole,
Il me comble de bienfaits.

Toujours, céleste patrie,
Mon cœur soupire pour toi.
Tu contiens ce que j'envie,
Mon Dieu, mon Père et mon Roi.

Sous tes auspices, Marie,
Nous terminons ce beau jour,
Dans la céleste patrie,
Réunis-nous pour toujours

Renouvellement des promesses du Baptême.

Quand l'eau sainte du baptême
Coula sur vos fronts naissants,
Et qu'un Dieu, la bonté même,
Vous adopta pour enfants,
     Muets encore,
D'autres promirent pour vous ;
Aujourd'hui, confessez tous
La foi dont un chrétien s'honore.

Chœur.

Foi de nos pères,
Notre règle et notre amour,
Nous adoptons en ce jour
Et ta morale et tes mystères.

Annoncé par mille oracles,
Et de la terre l'espoir,
L'Homme-Dieu, par ses miracles,
Fait éclater son pouvoir.
     Victime pure,
Il triomphe du trépas ;
Et je n'adorerai pas
En lui l'auteur de la nature ?
     Foi de nos pères, etc.

Par un funeste héritage,
Nos parents, avec le jour,
Nous transmirent en partage
La haine d'un Dieu d'amour.

En vain je crie,
Le Ciel repousse mes pleurs ;
Mais Jésus a dit : Je meurs,
Et sa mort me rend à la vie.
Foi de nos pères, etc.

Ciel ! quelle robe éclatante !
Quel bain pur et bienfaisant !
Quelle parole puissante
D'un Dieu m'a rendu l'enfant !
Je te baptise...
Les Cieux s'ouvrent, plus d'enfer :
Et des Anges le concert
M'introduit au sein de l'Eglise.
Foi de nos pères, etc.

De quel œil de complaisance
Vous me vîtes, ô mon Dieu,
Quand, revêtu d'innocence,
On m'emporta du saint lieu !
Pensée amère,
O beau jour trop tôt passé,
Hélas ! je me suis lassé,
Mon Dieu, de vous avoir pour Père.
Foi de nos pères, etc.

Loin de moi, monde profane !
Fuis, ô plaisir séduisant !
L'Evangile vous condamne ;
Vous blessez en caressant.
Sous votre empire,
Mon Dieu, sont les vrais trésors :
Vos douceurs sont sans remords ;
C'est pour elles que je soupire.
Foi de nos pères, etc.

Loin de ces palais coupables
Où s'agite le pécheur,
Sous vos pavillons aimables
J'irai jouir du bonheur ;
Avant l'aurore
Mon cœur vous appellera,
Et quand le jour finira,
Mes chants vous béniront encore.
Foi de nos pères, etc.

Indulgence.

Notre Saint Père le Pape Pie VII, par décret du 16 janv.
1817, accorde, à ceux qui *encourageront le chant des Can-
ques*, une indulgence d'UNE ANNÉE *pour chaque fois qu'*
feront quelque chose dans ce but.

Toulouse, imprim. J. Pradel et Blanc, r. des Gestes, 6.

www.ingramcontent.com/pod-product-compliance
Lightning Source LLC
Chambersburg PA
CBHW051137050726
47594CB00003B/1127